AF316873

AUX PÈLERINS

DE

NOTRE-DAME DES MARAIS

A

LA FERTÉ - BERNARD

EN LA FÊTE

DU SAINT NOM DE MARIE

Le 15 septembre 1861.

LE MANS

TYPOGRAPHIE MONNOYER FRÈRES

PLACE DES JACOBINS

1861

AUX PÈLERINS

DE

NOTRE-DAME DES MARAIS

A

LA FERTÉ-BERNARD

EN LA FÊTE

DU SAINT NOM DE MARIE

Le 15 septembre 1861.

———

Au temps où le saint abbé de Clairvaux, pour chanter dignement les louanges de Marie, se plaignait de la stérilité de sa brillante imagination pourtant si riche, et de son éloquence féconde, on sait que les simples fidèles employaient le secours de l'architecture, de la sculpture et de tous les arts, pour essayer de rendre leurs pensées et d'exprimer leur filial amour envers la Reine des cieux. Des temples magnifiques s'élevèrent alors sur tous les points de la France chrétienne ; ils nous restent encore comme des hymnes saints composés par nos aïeux en l'honneur de celle qu'ils aimaient à nommer leur Mère. Jusqu'à la fin du moyen âge, les peuples fidèles surent exprimer ainsi d'une manière énergique et touchante la vivacité de leur foi, en consacrant les travaux de leurs mains à la gloire de Dieu et de sa très-sainte Mère.

Notre-Dame de la Ferté-Bernard, où nous sommes entrés aujourd'hui, dévots pèlerins, pour implorer la puissante intercession de la Vierge Marie, est un de ces sanctuaires de choix, œuvre splendide de l'art enseigné par la foi, édifié dans les premiers jours de la renaissance, encore aux derniers jours de ce moyen âge, si injustement décrié par les impies modernes ; c'est comme une des dernières et éclatantes lueurs de cette lampe ardente allumée jadis au double foyer de la science et de la piété.

Au XIIIe siècle, de nombreuses foules de pèlerins venaient s'agenouiller sur les rudes dalles d'un humble et étroit sanctuaire, fondé sous l'invocation de la très-sainte Vierge et de saint Sébastien, presque au milieu des marais, entre deux bras resserrés de la rivière d'Huisne. Pour cela, on disait la chapelle de Notre-Dame des Marais. Vers 1259, cette chapelle fut détruite pour faire place à une église plus grande, capable de contenir l'affluence des pèlerins. On eut d'abord, dit une ancienne légende, la pensée de choisir un emplacement plus commode, et l'on transporta à cet effet, avec une grande solennité, l'image vénérée de la Mère de Dieu, dans un autre sanctuaire dédié à saint Barthélemy ; mais, le lendemain, la statue fut retrouvée à sa première place, dans son cher sanctuaire, ce qui détermina définitivement le choix de ce lieu pour déférer à la préférence de la sainte Patronne. Le 8 avril de l'année 1367, la nouvelle église fut érigée en paroisse. De cette construction antique il ne reste sans doute plus que de faibles parties, dans la composition de l'édifice actuel, église paroissiale de la Ferté-Bernard.

Il y a quelques années, au-dessus de l'une des portes de ville, dite la porte d'Orléans, on pouvait lire, sur une croix tracée dans la pierre, cette inscription : **ARRÊTEZ, ADVERSAIRES,** destinée à rappeler aux générations successives ce qu'elles peuvent espérer de la Reine du ciel et de la terre. Ces deux mots prononcés par Marie, si l'on en croit la tradition, effrayèrent les Anglais prêts à s'emparer de la ville, et les dispersèrent. C'est ainsi que la Vierge sait bien défendre ses protégés d'un ennemi visible, comme elle est puissante à les garder des embûches de l'ennemi invisible du salut. Jusque dans nos temps, une procession s'est faite chaque année, le dernier dimanche d'octobre, en mémoire de cette heureuse délivrance.

Ce fut dans les dernières années du XVe siècle que l'on commença à bâtir l'église actuelle, à laquelle on voulut donner plus de magnificence et plus de développement qu'à la première. Les aumônes et les pieux legs des fidèles firent presque seuls les frais de cette nouvelle construction, qui dura cent cinquante années. Pendant ce long espace, bien des maîtres maçons, des peintres-verriers, des sculpteurs habiles travaillèrent à son édification et à sa décoration. Le temps, qui détruit tout, n'a pas encore effacé tous leurs noms empreints sur les murailles et dans les pages des vieux manuscrits. Nous avons à cœur d'en rappeler quelques-uns : puissions-nous, par ce moyen, faire vivre de plus en plus dans les cœurs reconnaissants le souvenir de ces artistes religieux dont les œuvres furent consacrées à la gloire de Marie! Le premier maître maçon mentionné par les titres est un sieur Grignon, au commencement du xvie siècle ; Mathurin Delaborde lui succéda en 1535. En même temps François Delaborde et Jehan Courtois travaillaient aux vitraux. Trois frères, Robert, Gabriel et Hiérome Lesviet conduisirent les travaux après Mathurin Delaborde, vraisemblablement jusqu'à la fin. En 1598, le maître vitrier, Robert Courtois, avait fait à la grande fenêtre de la nef la *représentation*

« de l'arbre de Jessé, assis en une chaire, en grand
« triomphe, et Aron ; et de son corps fut produit
« un arbre en branches et en ramaux : du quel
« arbre furent composés, mis et assis en beaux
« fleurons qui y furent pourtraictz, douze Rois,
« comme il assied en pareil cas : et à la sommette
« du dict arbre fut l'imaige de N.-D. tenant son
« enfant ; avec quatre personnaiges de prophètes,
« qu'est à entendre de chacun coté du corps de
« Jessé, deux faisant bonne contenance ; tous
« lesquels personnaiges aussi grands que faire se
« peut ; et fut rempli le haut de hiérarchie des
« Anges, Archanges, Séraphins, Chérubins et
« étoiles semées parmi le throne du ciel tout
« d'azur ; le tout de bon verre, riches couleurs,
« magnifiquement faict. »

Cependant, à la vue du pauvre peuple s'épuisant en fatigues et en labeurs pour l'édification du sanctuaire de Marie, les seigneurs ne voulurent pas se laisser surpasser en générosité; ils donnèrent de leur bien pour l'achat des terrains et des matériaux, ou bien pour subvenir aux frais immenses de décoration. Le plus petit possesseur de fief ne voulait plus s'endormir dans l'éternité avant d'avoir donné à Marie un souvenir dans son testament, et une preuve de sa dévotion : témoin le poëte Garnier.

Enfin, les travaux de construction cessèrent; et, bien qu'incomplète, l'église de Notre-Dame des Marais resta comme un sanctuaire d'élite, consacré à la gloire de la Reine des Anges. A d'autres le soin de dire combien elle est belle avec ses ciselures, ses feuillages sculptés, ses mille statuettes, la grande église, assise sur les bords de l'Huisne. Nous ne saurions pas même énumérer convenablement toutes les innombrables richesses artistiques qu'elle possède au dedans et au dehors : nous ne savons qu'admirer ces hymnes de pierre qu'elle élève vers Marie, comme une ceinture et un diadème, pour la saluer Reine du ciel et Mère de miséricorde; et nous ne savons dire autre chose, si ce n'est que la Vierge sainte se plaît toujours à combler de ses faveurs le chrétien fervent qui la sert et la prie.

Sur des grèves arides, nos genoux ont fléchi quelquefois devant d'autres autels de Marie, dans des sanctuaires chers aux matelots ; de là, le regard plongeait au loin sur la vaste étendue des mers. C'était un magnifique et imposant spectacle. Ici, du haut des galeries aux balustrades sculptées, l'œil peut se reposer doucement sur la verdure des prairies qui vont se perdre à l'horizon, image de la vie pure et innocente du juste, qui aboutit au Paradis : ou bien il domine avec plaisir les têtes vieillies des tours gothiques crevassées, et les ruines des antiques fortifications, image de toute chose humaine qui s'use et tombe enfin dans la mort. Au fond du sanctuaire, le pieux pèlerin médite et prie, humblement prosterné aux pieds de sa Protectrice, et son âme porte aussi un regard pénétrant sur les flots d'une autre mer non moins féconde en tempêtes et en naufrages. Marin inexpérimenté, il est venu à l'autel de Marie pour apprendre d'elle à guider sa nef fragile, demandant des vents favorables et implorant les clartés de la brillante Étoile des mers. Que Marie guide donc toujours le pieux pèlerin, sans danger au milieu des écueils de la mer orageuse de ce monde !

CANTIQUE

Salut, salut trois fois, ô béni Sanctuaire
Où vinrent, avant nous, des pèlerins pieux
S'enrichir des faveurs de l'amour d'une Mère,
Implorer le secours de la Reine des cieux !
Nous venons en ce jour, sous cette voûte antique,
Artisans, ouvriers de la cité du Mans ;
A vous donc, ô Marie, à vous ce saint Cantique :
Vous êtes notre Mère, écoutez vos enfants !

On dit qu'un jour l'Anglais, ennemi de la France,
Toujours pour notre perte, armé, sous ces remparts,
Assiégeait la cité de votre préférence.
Déjà tombaient ses murs, battus de toutes parts.....
Comme nous aujourd'hui, la foule est en prières
A votre autel... Soudain l'orgueil est terrassé.
La Vierge vous l'ordonne : *Arrêtez, adversaires !*
L'Anglais de notre Maine est à jamais chassé.

Pour tout homme ici-bas, malheureux enfant d'Ève,
Il est un ennemi plus rusé, plus trompeur :
En un combat sans fin, sans repos et sans trève,
Il rôde autour de nous, assiégeant notre cœur.
Contre lui votre bras est puissant, ô Marie ;
Pour que nos faibles cœurs ne lui soient pas soumis,

Au plus fort du combat que votre voix lui crie :
Arrête ici, Satan, ces cœurs sont à mon Fils !

Le nom, le nom béni, Vierge, Mère de grâce,
Que vous donnent partout les générations,
Les enfants de Luther, toujours maudite race,
L'outragent au pays, Vierge, d'où nous venons.
Votre pied écrasa dans tout temps l'hérésie.
Vierge, souvenez-vous que votre Fils est Roi ;
Soumettez-lui les cœurs, et dites, ô Marie :
Arrête encor, Satan, car ce peuple est à moi !

Que l'on respire en paix sous cette voûte antique
Où nous sommes venus, tous hommes de labeur !
Guidés par notre amour, en votre Basilique,
Pour vous prier, Marie, ô Mère du Sauveur !
De ce monde et des cieux, puissante Souveraine,
Au pied de votre autel voyez-nous à genoux ;
Nous le jurons : toujours vous serez notre Reine ;
A la vie, à la mort, nos cœurs seront à vous !

Le Mans. — Impr. Monnoyer frères. — Sept. 1861.